Chakren, die Energiewirbel

Kerstina von Hagenberg

Eine Einführung in die
Energie der Chakren

Bibliografische Information der Deutschen
Nationalbibliothek:
Die Deutsche Nationalbibliothek verzeichnet diese
Publikation in der Deutschen Nationalbibliografie;
detaillierte bibliografische Daten sind im Internet
über http://dnb.dnb.de abrufbar.

Herstellung und Verlag: BoD – Books on Demand,
Norderstedt

ISBN: 9783754357286

„Und ich erkannte,
dass sie die Stille nötig hatten,
denn nur in der Stille kann
die Wahrheit eines jeden
Wurzel schlagen und Frucht ansetzen."

Saint Exupéry

Inhaltsverzeichnis

Vorwort

Unser Lebenstempo wird immer rasanter.
Der technische Fortschritt unterstützt die
Schnelllebigkeit und der Leistungsdruck fordert
die Menschen ständig heraus. Viele finden nur
noch im Schlaf, in ihren Traumphasen, einen
Zugang zu sich selbst, weil der Alltag keinen
Raum mehr dafür bietet. Die Reizüberflutung aus
dem Umfeld lässt der Seele keine Ruhe. Die
Menschen gelangen nur noch schwer zu ihrer
inneren Stille.
Techniken wie Meditation, Kontemplation oder
Yoga können helfen, mit dem persönlichen Kern
in Kontakt zu treten.
Die Verbindung zur eigenen Stille verwandelt
die Lebensströme und bringt die Chakren zum
schwingen.
Das Leben selbst besteht aus übersinnlicher Natur,
aber die Hauptkonzentration der Menschen liegt
im Materiellen.
Wir leben sozusagen in zwei Welten; – in einer
übersinnlichen und in einer irdischen Existenz.
Wenn wir einatmen nehmen wir die Kraft der
Sphären in uns auf, und wenn wir ausatmen, geht
ein Teil von uns in den Lebenskreislauf zurück.
Chakren sind nicht nur Energiequellen im Körper,
sie zeigen der Seele Wege zur Veränderung und
Erfahrungsbereiche im tiefsten Selbst.

Einleitung

Die Lehren der Chakren tauchten zum ersten
Mal in den Upanishaden der Hinduisten auf.
Die Techniken sind ungefähr 3500 Jahre alt.

Das Wort Chakra stammt aus dem indischen
Sanskrit und wird mit Rad, Wirbel, Scheibe oder
Kreis übersetzt. Oft werden Lotusblüten bildlich
in den Chakren dargestellt. Durch die Energien in
den Lichträdern richten sich die Blütenblätter auf.

Diese Energiezentren steuern die Kräfte der
Menschen durch ihre Schwingungen. Chakren
können ausgeglichen, stark oder schwach aktiv
sein. Die Energie entsteht durch ihre Bewegungen.
Alle Chakren sind gleich groß und besitzen die
gleiche Form.
Jedes Energierad ist einzigartig, aber sie können
untereinander interagieren. Schwingt ein Chakra,
stimmen die anderen mit ein. Strömt die Energie
ausgeglichen, pendeln sich alle im Gleichklang
ein.

Die meisten Traditionen sprechen von sieben
Hauptchakren, die Tibeter kennen nur sechs.
Zwei erhöhte Chakren befinden sich außerhalb
des physischen Körpers (Atman und Brahman).

Die sieben Hauptchakren liegen entlang der Wirbelsäule, an der senkrechten Mittelachse des Körpers. Sie bilden eine Verbindung zwischen dem Körper und dem Astralleib des Menschen. Jedes Chakra ist für bestimmte Bereiche der körperlichen und seelischen Gesundheit verantwortlich und beeinflusst einen bestimmten Bewusstseinszustand.

Die Energiewirbel agieren physisch, emotional, kreativ und spirituell, aber immer auf eine Hauptrichtung fixiert.

Die Bewegungen der Chakren rotieren, wobei die Richtung vorgegeben ist.

Bei Frauen und Männern verlaufen sie in umgekehrter Folge. Die Richtung wechselt in jedem Chakra von unten nach oben.

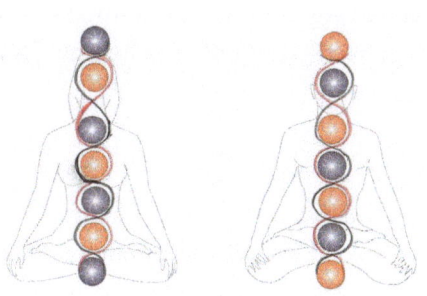

Bei Männern beginnt das Wurzelchakra mit einer Drehung nach rechts, auch das Kronenchakra zeigt die Rechtsdrehung.
Bei Frauen ist im Wurzelchakra eine Rotation nach links beschrieben und auch im Kronenchakra ist diese wieder vorhanden.

Auf der Höhe des Rückenmarks verläuft der energetische Hauptkanal des Körpers.
Alle Chakren sind untereinander und mit dem Rückenmark verbunden.
Die Energie kann verloren gehen, bevor sie alle Chakren durchlaufen hat. Durch die Drehung steigt die Energie zum nächsten Chakra auf.
Rotiert das Chakra gegen die ursprüngliche Richtung, wird die Kraft zerstreut.
Steht ein Chakra still, stagniert die Energie.
Elipsenartiges drehen lässt Energie in den Verlust gehen und gibt sie verzögert weiter.
Die Veränderungen in den Drehungen können auf Schwachstellen in entsprechenden Bereichen hinweisen.

Die Energiebahnen öffnen sich nach außen zur Körperoberfläche, das Wurzelchakra öffnet sich nach unten, das Kronenchakra nach oben, die mittleren Chakren nach vorne.

Der energetische Einfluss der Chakren reicht auch noch in den feinstofflichen Bereich um den Körper herum hinein, der auch als Aura bezeichnet wird.

Neben den Hauptchakren gibt es weitere 122 Primär – und Sekundär Chakren, die wie kleine Energiewirbel Regionen mit Energie versorgen und den großen Fluss des Körpers aufrecht erhalten.

Die Primärchakren liegen entlang der Wirbelsäule, Sekundärchakren befinden sich an den Gelenken und in Nervengeflechten. Sie sind wichtig für den Unterkörper, die Hüften und die Beine und sorgen dort für Vitalität. Auch für die Hände sind sie notwendig, nicht nur zum Arbeiten und Zufassen, sondern auch für den Ausdruck, was wir denken und wie wir uns darstellen. Chakra – Energie steht also auch mit den Knochen, Gelenken und Nervengeflechten in Verbindung.

Wenn ein Stimulus in das System eintritt, wird es im 1. Chakra registriert und analysiert, löst im 2. Chakra ein persönliches Gefühl aus und im 3. Chakra eine Meinung, im 4. Chakra entsteht ein bindendes Gefühl, im 5. Chakra eine Einschätzung, im 6. Chakra eine Einsicht und im 7. Chakra die Freisetzung.

Als **Prana** wird die universelle Lebensenergie bezeichnet, die Entfaltung göttlicher Urkraft.
Sie versorgt nicht nur den Körper, sondern auch Geist und Seele mit Energie. Im Solarplexus kann sie besonders gut gespeichert werden.
Prana verstärkt sich durch Schlaf, Licht, Wärme, Nahrung und Atmung.

Nadis sind kleine Energiekanäle (Nad = fließen), durch die Prana strömt.
Es wird von ungefähr 72.000 Nadis ausgegangen, die ein Netz durch den ganzen Körper spannen.
Die drei Hauptnadis sind: Ida, Pinggala und Sushuma.

Pinggala ist ein positiv geladener Energiestrom, dem männliche Aspekte zugeordnet werden und die Kraft der Sonne. Pinggala beginnt im Wurzelchakra und schlängelt sich bis zum linken Nasenloch.

Ida ist eine negative geladene Energiebahn, der weibliche Charaktere und die Kraft des Mondes zugeordnet werden. Sie beginnt im Wurzelchakra und schlängelt sich bis zum rechten Nasenloch.

Ida und **Pinggala** verlaufen von einer Seite zur anderen und kreuzen ihre Bahnen insgesamt fünf Mal.

Sie geben die Richtung in den Energiebahnen vor.

Sushuma strömt durch die Wirbelsäule.

Meru wird die Rückenmarksäule genannt, nach einem heiligen Berg in Indien. Links und rechts von ihm winden sich die beiden Lebensströme Ida und Pinggala wie um einen Stab.

Die **Kundalini** (auch Shakta) liegt wie eine zusammengerollte Schlange am unteren Ende der Wirbelsäule. Sie bewacht das Tor zur Gottheit. Die Kundalini ist inaktiv und verschließt den Eingang des Sushuma.
Wird sie angeregt, steigt sie über die Chakren hinauf und füllt den ganzen Körper nach und nach mit göttlicher Urenergie.
Auch die Wirbelsäule kann mit der Form einer Schlange verglichen werden.

Die **Lebensenergie** wird in verschiedene Arten unterteilt:

Udana ist eine aufstrebende Energie im oberen Bereich des Körpers mit Einfluss auf Sprache und spirituelle Entwicklung.

Prana steuert die Lebensenergie und stimuliert die Einatmung

Vyana verteilt Kraft auf den Kreislauf.

Samana wirkt mit zusammenziehender, zentrierter Kraft auf die Verdauung.

Apona ist sinkende Energie, – die Energie der Ausscheidung.

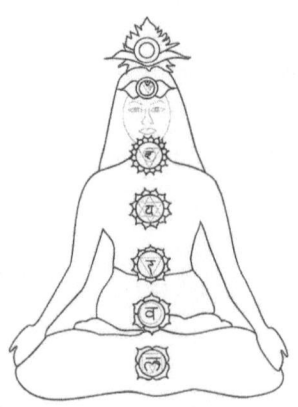

Die Chakren

Chakren können auf unterschiedliche Weise stimuliert und unterstützt werden.
Tabellarisch aufgeführt finden sich in diesem Leitfaden Aromen, Farben, Edelsteine und Symbole etc., die analog zu den Chakren stehen und immer bei Anwendungen zugunsten der Energieräder eingesetzt werden können.
Steine können zum Beispiel auf die Position der Chakren gelegt werden.

Mantra funktionieren wie Klangkörper.
Der Ausdruck „Mantra" steht für die Mehrzahl, die Einzahl heißt „Mantram".
Aus dem Sanskrit übersetzt bedeutet Mantra „Denk – oder Redeinstrument" und bezieht sich auf das Element eines Chakras.
Sie sollen anfangs laut ausgesprochen werden, damit man den Klang selber hört. Durch das Verinnerlichen werden sie durch stetes wiederholen immer leiser und melodischer.
Anstatt des Mantram kann auch der zugehörige Vokal gesungen werden.
Mantra erleichtern die Entspannung, unterstützen Trancezustände und dienen der Seele als Nahrung.

Affirmationen erleichtern den Gedanken, sich auf ein Chakra einzustimmen.

Das Vorstellen von Schwungrädern oder Energiewirbeln erleichtern das Wahrnehmen.

1. Chakra: Wurzelchakra / Basis – Chakra / Muladhara

Der Name Muladhara wird in der Übersetzung geteilt; Mula bedeutet „Wurzel" oder „Ursprung" und Adhara „Stütze" oder „Basis".

Der bildhaft dargestellte Lotus weist als einzige Blüte eine Wurzel auf. Auch die Nadis entspringen dieser Quelle, unter der die Kundalini schläft.

Sein Mantram lautet LAM; - der Laut verschließt den Mund und lässt Schwingungen in den Nasenflügeln spürbar werden.

Das Chakra befindet sich im Beckenbodenbereich, zwischen Anus und Genitalien, auf der Höhe des Steissbeins.

Es ist mit der Wirbelsäule verbunden, mit den Knochen, den Zähnen, den Nägeln, dem Blut und dem Zellaufbau.
Die Ausscheidungsorgane und die männlichen und äußeren Geschlechtsteile werden durch dieses Chakra beeinflusst.

Auch mit den Nebennieren und den Keimdrüsen steht es in Kontakt.

Alle Erinnerungen und Erfahrungen werden hier gespeichert (wie bei einem Elefanten).
Verbindungen zu den Ahnen finden hier statt und werden bewusst.

Im diesem Basis – Chakra befindet sich der Sitz des Unbewussten, weil vorrangig Geschehen aus dem Alltag und das nahe Umfeld eine Rolle spielen.
Hier entsteht der Lebenswille, das Urvertrauen, der Selbsterhaltungs – und Überlebensantrieb.
Das Bewusstsein ist fixiert auf Pflichten und Notwendigkeiten, auf Alltagsmuster und die Realität.
Kraft, Energie, Festigkeit und Standhaftigkeit werden durch das 1. Chakra unterstützt, wie auch der Wunsch, Arbeit mit Ertrag zu verbinden.
Sicherheit und Stabilität rücken in den Vordergrund. Die Sensibilität für sinnliche und körperliche Selbstwahrnehmung entwickelt sich hier, aber die physischen Empfindungen stehen im Vordergrund.
Der Wunsch, starke Emotionen durch enge Beziehungen und Sexualität ausleben zu wollen, entsteht in diesem Energiefeld.

Der Zyklus wird den ersten Lebensjahren zugeordnet. Wie ein kleines Kind wird nach Möglichkeiten im nahen Umfeld gesucht und die Nähe von Bezugspersonen. Der Mensch will „auf eigenen Beinen stehen" und einen persönlichen Eindruck gewinnen und hinterlassen.

Beim Mann rotiert das Chakra vom Betrachter aus gesehen nach links, bei der Frau nach rechts.

Lotus:	4 Blätter / 4 Himmelsrichtungen
Sinn:	riechen
Element:	Erde
Farbe:	rot
Aroma:	Rosmarin, Vanille, Zeder, Nelke, Zypresse
Tier:	Elefant
Stein:	Rubin, alle roten Steine
Symbol:	Quadrat
Planet:	Merkur
Buchstabe:	U

Tonisierend: Rot, Orange

Sedierend: Blau, Grün, Violett

Ausgeglichenes 1. Chakra:
Befindet sich das Energierad in Balance, führt
das zur Akzeptanz des Lebensweges und damit
verbundenen Verpflichtungen, ohne zu hadern.
Fürsorge, körperliche Nähe, Vertrauen und
Geborgenheit füllen den Alltag aus. Ein bewusstes,
gutes Körpergefühl sorgt für Vitalität und Kraft.
Der Platz im eigenen Dasein stellt eine Verbindung
zu „Mutter Erde" her und lässt uns als Teil der
Natur empfinden.
Durch Energieabgabe in das 2. Chakra kann die
Lebenslust gesteigert werden.

Geschwächtes 1. Chakra:
Arbeitet das Energierad eingeschränkt, kann das
Urvertrauen gestört sein, was Gefühle von
Unsicherheit und Entwurzelung auslösen kann.
Es mangelt an innerer Kraft und Lebensfreude.
Müdigkeit, Antriebslosigkeit, Trägheit und
Gleichgültigkeit setzen sich durch. Der Mensch
findet sich unschön und nicht liebenswert.

Auslöser können Phasen der Neuorientierung sein, wie die Pubertät oder das Klimakterium, Trennungen von wichtigen Menschen, Verlust des Arbeitsplatzes, finanzielle Notlagen oder Erkrankungen.

<u>Überfordertes 1. Chakra:</u>
Rotiert das Energierad zu stark, kann dies egozentrische Spannungen auslösen.
Der Selbsterhaltungstrieb setzt sich massiv durch.
Mächtige Gefühle wie Wut, Lust und Schmerz zeigen sich und können zu Rücksichtslosigkeit und Aggressionen führen. Dominante Typen können sich entwickeln, die ihre hohen materiellen Ansprüche und die persönliche Befriedigung ehrgeizig und egoistisch durchsetzen.

<u>Harmonisierung des 1. Chakra:</u>

→ Die Farbe Rot bietet sich durch ihre starke, intensive Ausstrahlung an. Besonders nützlich ist sie bei gezielten Stimulationen durch Yoga, Meditation oder anderen Entspannungsübungen. Hierzu können rote Kerzen oder Blumen oder eine Unterlage wie ein rotes Badetuch o. ä. genutzt werden.
Aromen unterstützen die Übungen zusätzlich.

Es ist auch förderlich, einfach die Farbe Rot im Alltag bewusst wahrzunehmen, sich rot zu kleiden oder das Umfeld in Rottönen zu dekorieren.

→ Die Erde bewusst zu spüren vermittelt Urvertrauen. Barfuß laufen, auf einer Wiese liegen oder unter einem Baum in der Nähe seiner Wurzel, stärkt die Erdverbundenheit. Bewusstes atmen fällt in der Natur leichter, Gerüche können bewusster wahrgenommen werden.

→ Körperliche Bewegung, vor allem Beinaktiv, wie joggen, wandern, gehen und tanzen, regen die Energie im 1. Chakra an.

→ Aus dem Hatha – Yoga bieten sich die Versionen des „Baumes" an.

→ Affirmationen:
Ich spüre meinen Körper und die Kraft der Natur.
Ich lasse Selbstachtung, Ehrlichkeit und Wahrheit zu.

2. Chakra: Sakralchakra / Sexualchakra / Svadhistana

Der Name Svadhistana setzt sich zusammen aus Sva, das so viel wie „Selbst" bedeutet, und dem Begriff Dhistana, der mit „Fundament" oder „Stütze" übersetzt werden kann.

Sein Mantram lautet VAM, das ähnlich klingt und wirkt, wie das des 1. Chakras.

Dieses Energiezentrum agiert im Unterbauch, auf der Ebene der Geschlechtsorgane, ca, 6,5 cm über dem Schambein.

Mit ihm in Verbindung stehen die weiblichen und die inneren Geschlechtsorgane, die Niere, die Blase und der Beckenbereich. Körperflüssigkeiten wie Blut, Urin und Schweiß werden durch das 2. Chakra beeinflusst, wie auch der Blutdruck, der Blutzucker, die Keimdrüsen, die Lymphen und der Adrenalinhaushalt.

Im Sakralchakra entwickelt sich die im 1. Chakra noch ruhende Kraft weiter. Unterbewusstsein und Bewusstsein treffen aufeinander.

Die Verbindung zur Gebärmutter verweist auf die Entstehung neuer Lebensenergie.
Fruchtbarkeit, Erneuerung und Lebenserhaltung unterstützt das 2. Chakra.

Körperlich sorgen Blase und Niere für Reinigung, was das Wasser – Element unterstreicht. Ausgleich und Klärung auf emotionaler Ebene regt dieses Energierad an. Verarbeiten und loslassen von Gefühlen wird möglich.
Durch die Offenheit für Mitmenschen wird das eigene Verhalten wahrgenommen und analysiert.
Der Gegenüber hilft bei der Selbsterkennung, beim lernen und der weiteren Entwicklung.
Die eigene Inspiration führt zur Festigung der Persönlichkeit. Innere und äußere Eindrücke werden gespeichert. Durch Kreativität können sich Gedanken, Gefühle und Eindrücke formulieren.
Empfangend, hingebungsvoll und sinnlich werden die Freuden des Lebens entdeckt und genossen.

Die Sexualität findet im 2. Chakra seinen Ausdruck.

Beim Mann rotiert das Chakra vom Betrachter aus gesehen nach rechts, bei der Frau nach links.

Lotus:	6 Blüten
Sinn:	Geschmack
Element:	Wasser
Farbe:	Orange
Aroma:	Orange, Ylang Ylang, Sandelholz
Tier:	Fisch
Stein:	Aquamarin, Mondstein
Symbol:	Mondsichel
Planet:	Venus
Buchstabe:	O
Tonisierend:	Rot, Orange
Sedierend:	Blau, Grün, Violett

<u>Ausgeglichenes 2. Chakra:</u>
Offenherzig, freundlich und mit positiver
Ausstrahlung auf andere zu zugehen, ermöglicht
das ausgeglichene Energierad auf dieser Ebene.
Soziale Kontakte werden mit Respekt für den
Gegenüber aufgebaut und gepflegt.
Selbstbewusstsein und Lebensfreude sorgen dafür,
dass das Leben genossen werden kann.
Persönliche Ideen und Projekte entwickeln sich.
Schöpferische Inspirationen und künstlerische
Fähigkeiten unterstützen die individuelle
Ausdrucksform. Immer in Bewegung und
motiviert werden neue Eindrücke des Lebens
gesucht. Wünsche und Ziele formen sich.
Das Sexualleben kann genossen werden.

<u>Geschwächtes 2. Chakra:</u>
Befindet sich zu wenig Energie im 2. Chakra,
wirken alle Veränderungen wie Widerstände und
Probleme.
Durch die Schwäche setzen sich Verlustängste
und Schuldgefühle durch. Das Leben kann nicht
genossen werden. Gleichgültigkeit gegenüber der
eigenen Entwicklung lässt die Motivation sinken.
Neues wirkt uninteressant und lapidar. Das
sinnliche Empfinden ist gestört, die eigenen
Gefühle werden nicht zugelassen und gezeigt.

Überfordertes 2. Chakra:

Wenn das Energierad überfordert ist, neigen die Personen zu rüpelhaftem Umgang. Ungeduld, zwanghaftes Verhalten und Eifersucht können sich zeigen.

Das Geben und Nehmen ist unausgeglichen.

Es kann zu starken Gefühlsschwankungen, emotionalen Entgleisungen und sexuellen Übergriffen kommen.

Eigene Ziele und Pläne werden nicht fixiert, deshalb werden Projekte anderer Menschen missbilligt, ins Lächerliche gezogen oder zerstört. Essstörungen und Suchtverhalten können sich durchsetzen.

Harmonisierung des 2. Chakra:

→ **Wasser** ist das Zauberwort! Viel Wasser zu trinken gefällt dem fruchtbaren 2. Chakra. Aber auch an Gewässern spazieren zu gehen, schwimmen oder baden (am besten mit den bevorzugten Aromen) fördert die Energie im Sakralchakra.

→ **Kreativ** werden, etwas entstehen lassen, mit den Händen zu arbeiten und mit Formen zu experimentieren, wecken innere Sehnsüchte und Fähigkeiten.

→ Den **Geschmack** zu stimulieren ist eng mit dem 2. Chakra verbunden. Ob das Lieblingsessen alleine verzehrt wird oder in netter Gesellschaft spielt für den Genuss keine Rolle.

→ **Affirmationen**:
Meine schöpferische Energie ist ein Geschenk. Ich lasse die Vergangenheit entspannt los.

3. Chakra: Solarplexus Chakra / Nabel Chakra /
Manipura

Der Name Manipura setzt sich zusammen aus dem
Wort Mani für „Juwel" und Pura, das mit „Stadt"
oder „Schloss" übersetzt wird.

Sein Mantram lautet RAM, – ein warmer Ton, der
im Bauchraum schwingt.

Das Energiezentrum liegt zwei Fingerbreit über
dem Bauchnabel.

Das Chakra ist mit dem Rücken, der Bauchhöhle
und dem Verdauungssystem verbunden.
Es beeinflusst die Bauchspeicheldrüse (Pankreas),
die Leber, die Galle, den Magen, die Milz und
die Nebennnieren.
Das vegetative Nervensystem ist ebenfalls mit
dem 3. Cakra verbunden.

Dieses Energierad kann Hitze produzieren und
ausstrahlen. Es ist ein sehr kraftvolles Chakra.

Das Energierad ist mit dem Sehen verbunden und ihm bleibt nichts verborgen. Der Geist ist offen, weit, tolerant und neugierig auf der Suche nach neuen Eindrücken. Gedanken, Meinungen und Urteile entspringen dem 3. Chakra, werden von hier aus gesteuert und verbinden sich mit dem 5. Chakra, um sich auszudrücken.

Dieses Energierad stellt eine Balance zwischen den Gefühlen, der Selbstkontrolle und der objektiven Einschätzung her. Es verbindet Emotionen und Intellekt.

Mit Gelassenheit und gesundem Egoismus werden Vorstellungen, Wünsche und Bedürfnisse realisiert. Selbstkritisch wird das eigene Verhalten analysiert. Identität und Individualität werden bewusst. Was dem Ich bisher noch unklar war, wird hier konkretisiert und integriert. Die innere Identität und die Seele werden wahrgenommen. Selbstbewusstsein bildet sich aus, Willenskraft und Selbstvertrauen. Die Persönlichkeit entwickelt sich.

Verantwortung für Wahrheit und Gerechtigkeit wird deutlich.

Im Solarplexus vereinen sich alle Nervengeflechte, was zu der Spürbarkeit von Gefühlen beiträgt und intuitives Reagieren fördert. „Aus dem Bauch heraus" entwickelt sich ein gutes Gespür für persönliche Chancen.

Beim Mann rotiert das Chakra vom Betrachter aus gesehen nach links, bei der Frau nach rechts.

Lotus:	10 Blüten
Sinn:	Sehen
Element:	Feuer
Farbe:	Gelb, Goldgelb
Aroma:	Zitrone, Grapefruit, Lavendel, Kamille, Anis
Tier:	Widder
Stein:	Peridot, Bernstein
Symbol:	Dreieck
Planet:	Mars
Buchstabe:	O
Tonisierend:	Gelb, Orange
Sedierend:	Grün, Blau

Ausgeglichenes 3. Chakra:

Klarheit, Selbstsicherheit, Willenskraft, Durchsetzungsvermögen und Disziplin können dazu führen, dass persönliche Ziele und Pläne verwirklicht werden. Sensibilität, Spontanität und Verstand führen zu den richtigen Entscheidungen in angebrachten Momenten.

Intuitive Bauchentscheidungen wirken sich positiv auf die persönlichen Ziele aus.

Die Kommunikationen zwischen Intellekt und Emotionen fließen ausgeglichen.

Gedankenimpulse, aber auch die Selbstkontrolle, werden ernst genommen. Auch in Stress – und Krisenzeiten bleiben die Nerven stabil.

Eine starke Persönlichkeit mit Führungsqualitäten kann sich entwickeln.

Optimismus, Freude und Fröhlichkeit strahlen das innere Gefühl der Erfüllung und Zufriedenheit aus.

Geschwächtes 3.Chakra:

Fehlt es dem Energierad an Kraft, kann dies zu Angst und Unsicherheit führen. Antriebslosigkeit und Gleichgültigkeit stellen sich ein.

Die Lebensenergie ist geschwächt, bis hin zu Gefühlen von Machtlosigkeit und Ohnmacht gegenüber dem eigenen Leben. Es mangelt an Selbstbewusstsein. Die Seele fühlt sich schwer an, düster und müde.

Das Verdrängen von Gefühlen führt zu innerer Unruhe und Unzufriedenheit.
Magendruck und Verdauungsbeschwerden können auftreten.

<u>Überfordertes 3.Chakra:</u>
Hitze kann verbrennen und im 3. Chakra zu Rücksichtslosigkeit und Gefühlskälte führen.
Ansprüche und Ehrgeiz werden übertrieben.
Leistungsdenken setzt sich durch.
Unterdrückte Emotionen können zu Entgleisungen führen. Gefühle von Machtlosigkeit und Misstrauen lösen Wut und Aggressionen aus.
Egozentrisch wird versucht, andere Menschen zu manipulieren und für den Selbstzweck zu missbrauchen. Perfektionismus wird von anderen und sich selbst erwartet.
Die Unfähigkeit, Kritik anzunehmen und Konflikte zu lösen, führt zu Spannungen. Falschheit und Verrat werden benutzt, um vom eigentlichen Thema abzulenken. Selbstmitleid macht sich bemerkbar.
Es kann zu Sodbrennen kommen.

<u>Harmonisierung des 3.Chakra:</u>
→ Die **Augen** zu schließen, um bewusst die anderen Sinne wahrzunehmen, bietet sich in der Natur am besten an.

Diese Übung stärkt nicht nur die Sensibilität der Sinne, sondern auch das Gefühl für sich selbst.

→ **Lachen** bietet sich in jeder Lebenslage an. Es stärkt nicht nur die Bauchmuskulatur, sondern regt die Energie in allen Chakras an, – das 3. Chakra spricht zuerst darauf an.

→ **Sonnenstrahlen** zu genießen lässt auftanken.

→ Das **Feuer** als Hauptelement kann durch Kerzenschein ebenso genossen und beobachtet werden, wie in einem offenen Kamin oder an einem Lagerfeuer. Versenke deinen Blick in den Flammen.

→ Durch Konzentration auf die **Bauchgefühle**, auf die innere Wärme, lassen sich Verbindungen zu anderen Menschen aufbauen. Berühre sie mit der Energie aus deinem Solarplexus und lasse deine Energien strömen.

→ **Affirmationen**:
Ich vertraue meinen Gefühlen und Zielen.
Ich glaube und vertraue der Zukunft.

4. Chakra: Herzchakra / Anahata

Dieses Chakra befindet sich in der Brustbeinmitte, in der Höhe des Herzens.

Sein Namen Anhata bedeutet „unbeschädigt".
Das zugehörige Mantram YAM vibriert leicht.

Dieses Energiezentrum beeinflusst den Kreislauf, die Atmungsorgane, das Immunsystem, das Herz, die Lunge und die Thymusdrüse.
Auch der Brustkorb, die Schultern, die Arme und Hände stehen mit diesem Chakra in Verbindung.

Dieses Energierad dient als Brücke von der Dimension der Materie, mit denen sich die ersten drei Chakren beschäftigen, zum Geist der oberen Ebenen.
Die Möglichkeiten der dreidimensionalen Wirklichkeit zeigen sich.
Traum und Schlaf sind mit dem 4. Chakra verbunden und verleihen ihm transzendenten Charakter.
Gegensätze lösen sich auf oder vereinen sich.

Unbewusstes wird bewusst und verbindet innen und außen.

Die Selbstwahrnehmung führt zur Selbstliebe, die notwendig für den Zugang zu anderen Menschen ist.

Emotionale Qualitäten, wie Freude, Frieden, Liebe, Verständnis, Güte, Harmonie, Geborgenheit, Toleranz und Empathie entspringen dem Herz Chakra. Geistige Schwingungen vereinen sich mit dem offenen, liebevollen Herz und lassen Spiritualität keimen. Die Seele kommuniziert mit den Gefühlen. Durch das Herz Ckakra werden Transformationen und Heilungen möglich.

Eine neue Perspektive führt zu Wachstum und Hingabe, – Liebe erblüht.

Das Wahrnehmen der eigenen Gefühle weckt den Sinn für Zärtlichkeiten, Berührungen und Zuneigung.

Der innere Frieden vermittelt das Gefühl von Freiheit und Selbstverantwortung. Ausgeglichen und sicher zeigen sich die Emotionen. Sensibel, feinfühlig und mit offenem Herzen wird es zur Selbstverständlichkeit, anderen Menschen zu helfen. Wird das Herz berührt, wachsen Herzensangelegenheiten.

Beim Mann rotiert das Chakra vom Betrachter aus gesehen nach rechts, bei der Frau nach links.

Lotus:	12 Blüten
Sinn:	Haut
Element:	Luft
Farbe:	Grün
Aroma:	Rose, Jasmin, Kardamom
Tier:	Antilope
Stein:	Smaragd, Rosenquarz
Symbol:	Davidstern
Planet:	Jupiter
Buchstabe:	A
Tonisierend:	Grün, Orange
Sedierend:	Blau, Grün

Ausgeglichenes 4. Chakra:

Wenn dieses Chakra in Resonanz mit anderen
Energierädern steht, ist eine natürliche
Fröhlichkeit, Frohsinn und Herzlichkeit spürbar.
Uneigennützig werden die Wünsche und
Bedürfnisse der Mitmenschen erfühlt und erfüllt.

Erfolge von anderen Menschen werden unterstützt.
Es fällt leicht, Verantwortung zu übernehmen.
Ohne sich von eigenen Wünschen abhängig zu
machen, wird das Leben als Geschenk gesehen.
Die Wahrnehmung wird feinfühlig und sensibel
für andere Menschen und für sich selbst.
Eine tiefe, innere Wärme strahlt sympathisch nach
außen. Mit Hilfe des 4. Chakras ist es möglich,
sich tief emotional durch kreatives oder musisches
Schaffen auszudrücken.

Geschwächtes 4. Chakra:
Mangelt es dem Herz Chakra an Energie, entsteht
Angst vor Nähe und den eigenen Gefühlen.
Zärtlichkeiten und Zuwendungen werden zurück
gewiesen, die eigenen Emotionen verleugnet und
verwehrt. Neid und Missgunst auf emotionale
Vorteile anderer Menschen können entstehen.
Verbitterung und Selbstmitleid sorgen für Rückzug
und Isolation. Kritik wird als Angriff gewertet und
mit Verlegenheit beantwortet oder durch Flucht.
Es kann zu Schmerzen im Brustbereich kommen.

Überfordertes 4. Chakra:
Zu viel Energie in diesem Chakra verwandelt den
Menschen in einen aufgeregten „Luftikuss".
Ständig in Bewegung wird nach Möglichkeiten
gesucht, um sich hilfreich zu betätigen.

Aufopfernd wird jede Gelegenheit genutzt, um sich einzubringen, auch wenn dies in Ausbeuterei oder Missbrauch ausartet. Die Euphorie, Gutes in die Welt zu bringen, kann bis zu Selbstzerstörung oder Selbstaufgabe führen.
Der Atem geht schnell und häufig, wie bei einem innerer Sturm.

<u>Harmonisierung des 4. Chakras:</u>

→ **Grün** ist die Farbe der Heilung. Es bietet sich an, im Grünen spazieren zu gehen oder die Wohnung mit Grünpflanzen zu bestücken.

→ Sich und andere mit **Aufmerksamkeiten** oder **Geschenken** zu verwöhnen, wirkt immer liebevoll. Vor allem selbst gefertigte Überraschungen, wie Lieder, Gedichte oder Handarbeiten erfüllen die Herzen.

→ Die **Haut** verbindet Innen und Außen.
Ertaste die Natur; – spüre den Wind auf deiner Haut und die Luft in deiner Lunge. Berühre deine Haut mit einer Feder oder ertaste dein Umfeld. Andere Menschen zu massieren oder selbst eine Massage zu genießen, wirkt unterstützend.

→ **Herzklopfen** kann man ertasten oder durch eine enge Umarmung spüren; – lege bei einer Umarmung deine Herzseite auf das Herz deines Gegenüber und spüre von Herz zu Herz.

→ **Affirmationen**:

Ich verbinde mich mit allen Wesen.

Ich vergebe mir und anderen.

5. Chakra: Halschakra / Vishuddha

Dieses Energierad befindet sich in Höhe des Kehlkopfes, der so genannten Drosselgrube.

Der Name Vishuddha bedeutet Reinigung.

Das Mantram HAM schwingt von innen nach außen.
Mit diesem Chakra sind Speise – und Luftröhre verbunden. Auch die Ohren, der Kiefer, der Hals, die Schultern und der Nacken werden durch dieses Energierad versorgt, wie auch die Schilddrüse.

Das 5. Chakra ist das erste Energierad im spirituellen Bereich. Es sitzt in der Verbindung zwischen Kopf und Körper und dient als Übergang aus der materiellen in die geistige Ebene, – es verbindet Oben und Unten und leitet Impulse an die unteren Chakren weiter.
Die innere Kommunikation findet auf dieser Ebene statt und sucht nach Möglichkeiten, um sich nach außen zu tragen. Wünsche und Bedürfnisse drücken sich aus.

Aufmerksam werden Träume und innere Bilder wahrgenommen.

Das fünfte Chakra sorgt dafür, dass sich das Gleichgewicht zwischen den Informationen aus der eigenen Seele und der Kommunikation nach außen einpendelt.

Dieses Energierad schafft Klarheit, analysiert und ordnet Angelegenheiten und verabschiedet, was sich erledigt hat. Es schafft Platz für Neues.

Körperliche Nahrung muss den Hals durchqueren, ebenso wird spirituelle und geistige Nahrung in diesem Chakra analysiert und weitergeleitet.

Intuition und Inspiration drücken sich aus.

Nur durch sprechen und zuhören ist lernen und lehren möglich. Hier bilden sich das Wortbewusstsein, die Kommunikation und der Ausdruck aus.

Beim Mann rotiert das Chakra vom Betrachter aus gesehen nach links, bei der Frau nach rechts.

Lotus:	16 Blüten
Sinn:	hören
Element:	Äther
Farbe:	Hellblau

Aroma:	Eukalyptus, Pfefferminz, Ingwer
Tier:	Weißer Elefant
Stein:	Saphir, Lapislazuli
Symbol:	Kreis
Planet:	Saturn
Buchstabe:	E
Tonisierend:	Orange, Blau, Grün
Sedierend:	Grün, Gelb, Blau, Violett

Ausgeglichenes 5. Chakra:

Der verbale Ausdruck teilt offen und aufrichtig persönliche Gedanken und Gefühle mit. Die Meinungen werden klar ausgesprochen, das Wissen angemessen vermittelt, die Tonart und Gestiken angepasst. Mit Respekt und Achtung werden andere Ansichten akzeptiert. Zeiten zum Sprechen oder Zuhören finden ihren Raum. Kreativität drückt sich spontan und emotional aus, vor allem, wenn sie mit der Stimme oder Klängen verbunden ist.

Geschwächtes 5. Chakra:
Ist das Energierad kraftlos, äußert sich das durch
Schüchternheit und eine leise, gehemmte
Sprechweise. Der Zugang zur inneren Stimme
ist blockiert. Die Angst vor Bewertung führt zu
Zurückhaltung und unterdrückt persönliche
Impulse. Flucht vor der Realität und Intoleranz
prägen sich aus.
Stress kann zu Hyperventilationen führen.

Überfordertes 5. Chakra:
Schnelles, zügelloses, aufdringliches und lautes
Sprechen versucht den Überdruck in diesem
Energierad zu kompensieren. Besserwisserei und
Arroganz halten davon ab, Neues zu lernen. Die
eigenen Bedürfnisse werden nicht wahrgenommen.
Durch Kritik oder Druck können Emotionen
unerwartet herausplatzen. Schwankungen in
der Stimmung führen zu rätselhaftem Verhalten,
wie plötzliches schmollen, dramatisieren oder
übertreiben. Stur – und Halsstarrigkeit können
sich zeigen.
Es kann zu Beschwerden im Halswirbelbereich
kommen.

Harmonisierung des 5. Chakras:

→ **Fernes und Weites** wahrzunehmen beflügeln
das 5. Chakra.

Genieße Blicke in den klaren Sternenhimmel, die Aussicht über eine weite Landfläche oder das Meer.

→ **Singen und sprechen** schmeicheln diesem Energierad. Trage Gedichte vor oder singe Vokale oder Lieder, die du magst. Musik zu hören regt das Chakra ebenfalls an.

→ Entspannend wirkt die **Stille**. Lausche mindestens 20 Minuten still deinem Umfeld.

→ Dieses Chakra steht mit dem **Hals** in Verbindung, deshalb bietet sich das Tragen von **blauen** Schals oder Tüchern an.

→ **Mudras** sind Gesten, die mit den Fingern und den Händen ausgeführt werden. Sie ähneln Tanzschritten und führen den Lebensfluss in bestimmte Richtungen. Drücke dich mit deinen Fingern, den Händen und Armen aus und lasse sie nach deinem Gefühl „tanzen".

→ **Affirmationen**:
Meine Worte stammen aus meinem Herzen.
Ich übe mich in Bescheidenheit, Toleranz und Demut.

6. Chakra: 3 – Auge – Chakra / Ajna

Dieses Chakra befindet sich zwischen den
Augenbrauen, zwei Fingerbreit über der
Nasenwurzel.

Der Name Ajna bedeutet innere Weisung oder
inneres Sehen.

Sein Mantram OM strahlt mit seiner Vibration ins
Universum.

Dieses Chakra beeinflusst das Hormon – und
das Nervensystem und die Hypophyse. Auch
der Gehirnkörper und die Augen stehen mit ihm
in Verbindung.

Im 6. Chakra ist die spirituelle Verbundenheit
sehr ausgeprägt. Hellsehen, Visionen, Einsicht
und Voraussicht projizieren hier ihre Bilder.
Es wird wichtig, Raum und Zeit zu überwinden.
Die ganzheitliche Wahrnehmung beflügelt den
Geist, Realität und Wirklichkeit zu durchschauen,
Illusionen und Täuschungen zu erkennen.

Belastendes und Festgefahrenes wird aufgelöst.
Durch Selbsterkenntnis, Weisheit, Einsicht,
geistige Klarheit und Intuition wird die eigene
Lebensrolle klar.

Beim Mann rotiert das Chakra vom Betrachter aus
gesehen nach rechts, bei der Frau nach links.

Lotus:	2 Blüten
Sinn:	3. Auge
Farbe:	Violett
Aroma:	Veilchen, Zitronengras
Stein:	Alexandrit, Bergkristall
Symbol:	Kreis mit Punkt in der Mitte, oder Dreieck
Planet:	Uranus
Buchstabe:	I
Tonisierend:	Blau, Violett, Orange
Sedierend:	Grün, Blau

Ausgeglichenes 6. Chakra:
Der Verstand ist wach, die Intelligenz neugierig,
der Intellekt klar, Einfallsreichtum und Spaß an
geistiger Aktivität tragen sich nach außen. Gute
Konzentration und intellektuelle Erinnerungen
zeichnen dieses Energierad aus. Der spirituelle
Zugang ermöglicht Einsichten in tiefe
philosophische Weisheiten. Durch Offenheit
gegenüber einer höheren Wirklichkeit kann es zu
Visionen, intuitiven Gedanken oder übersinnlichen
Wahrnehmungen kommen.

Geschwächtes 6. Chakra:
Desinteresse und Gedankenleere lassen keinen
Glauben zu. Unsicherheit, Skepsis und Angst
vor Spiritualität und Religion verhindern jeden
Zugang.
Ängste, Verwirrung und Sinnlosigkeit nehmen
einen Platz ein.
Das kann zu Konzentrationsmangel und zu
Lernschwächen führen.

Überfordertes 6. Chakra:
Überbewertung von Intellekt und Vernunft führen
zu Kopflastigkeit und einem unruhigen Geist.
Auch der Körper wirkt nervös.

Intellektuelle Überheblichkeit, Besserwisserei und
Selbstverherrlichung entwickeln Intoleranz.
Alles woran nicht selbst geglaubt wird, wirkt
nichtig.
Wahre spirituelle Eingebungen werden nicht
wahrgenommen.

Harmonisierung des 6. Chakra:

→ **Meditationen** helfen den Kopf zu leeren.

→ Beschäftige dich mit **spirituellen Themen**,
Religionen und Philosophien.

→ **Konzentration auf eine Sache**. Mönche
konzentrieren sich bei dieser meditativen Übung
häufig auf eine Lotusblüte. Hierzu kann jeder
Gegenstand dienen, der dich anspricht; –
besonders eignen sich Dinge aus der Natur wie
Blumen, Wurzeln, Rinden, Steine, Edelsteine
und ähnliches. Versinke entspannt im Anblick
der Details.

→ **Affirmationen**:
Ich öffne mich für mein inneres Licht.
Friedvoll finde ich mein Gleichgewicht.

7. Chakra: Kronen – Chakra Sahasrara

Über dem höchsten Körperpunkt, auf der Scheitelmitte schwebend, befindet sich das 7. Chakra.

Der Name Sahasrara bedeutet übersetzt „Tausendfach".

Sein Mantram lautet OM.

Mit diesem Energiezentrum sind das Gehirn und die Zirbeldrüse verbunden.

Durch dieses Chakra existiert die Nicht – Identifikation mit allem. Die Zahl 1000 wird in Indien mit der Unendlichkeit in Verbindung gebracht.
Dieses Energierad kontrolliert und beeinflusst den spirituellen Bereich und hilft, mit der universellen Einheit zu verschmelzen. Vertrauen, das über die menschliche Vorstellungskraft hinausgeht, führt zu Verbundenheit, Einheit, Reinheit und Unschuld.

Es entsteht Ruhe im Geist, im Körper und in der Seele. Die persönliche Aufmerksamkeit wird zu Achtsamkeit und richtet sich auf den Moment, wodurch Glückseligkeit entsteht. Raum und Zeit verschmelzen und so entsteht eine Transzendenz mit dem Kosmos.

Über – oder Unterforderungen können in diesem Zentrum nicht entstehen; dieses Rad verändert nur seine Intensität.

Beim Mann rotiert das Chakra vom Betrachter aus gesehen nach links, bei der Frau nach rechts.

Lotus:	1000 Blätter
Farbe:	Weiß, Violett
Aroma:	Weihrauch, Geranie, Rosenholz
Tier:	Schlange
Stein:	Diamant, Amethyst
Symbol:	Lotus
Planet:	Neptun
Tonisierend:	Blau, Violett, Grü

Die unter 1. Chakra ruhende Kundalini kann nur über dieses Chakra hinaus gelangen, wenn die anderen Energieräder mitschwingen.

<u>Harmonisierung des 7. Chakra:</u>

→ **Kontemplation und tiefe Meditation** unterstützen dabei, die Schwingungen des Universums wahrzunehmen.

→ **Yoga**

→ **Affirmationen**:
Ich bin in Gottes Frieden.
Ich habe Glück.

Kleine Yogakunde

Yoga entstand aus der Vedanta – Philosophie.
Die Veden, die heilige Schrift des Hinduismus,
besteht nicht aus einem einheitlichen Schriftwerk,
sondern durch Überlieferungen aus drei zeitlichen
Epochen:

→ 1500 bis 1200 v. Chr. Rig-Veda, Sema-Veda,
   Yajur-Veda, Atthas-Va-Veda
→ 1000 v. Chr. Brahamanas
→ 750 v. Chr. Aranyokas, Upanishaden

Irgendwann zwischen 200 Jahre v. Chr. und
300 Jahre n. Chr. lebte der Yogi Patanjali, der
ein Lehrbuch verfasste, das eine systematische
Zusammenfassung klassischer Yoga – Sutren
enthält.

Yoga bedeutet übersetzt „Anschirrung", weil durch
die Übungen Triebe und Leidenschaften beherrscht
werden, damit niedere Seelenregionen dem wahren
Selbst gehorchen.
Um diese geistige Wandlung zu unterstützen,
wurden mehrere Techniken, Philosophien und
Übungen im Laufe der Zeit entwickelt.
Yoga bezeichnet allgemein Meditationen und
Askese.

Im Yoga existieren verschiedene Grade des Bewusstseins.

Immer beginnen sie auf der physischen Stufe, der Beherrschung und der Nutzung körperlicher Bewegung. Die Übungen leiten dazu an, Empfindungen der Seele wahrzunehmen und mit der Moral des Geistes zu verbinden. Durch das Läutern von Denken, Fühlen und Wollen findet eine Wandlung im Menschen statt.

Verschiedene Arten des Yoga

- Hatha – Yoga: Der Schwerpunkt liegt auf den Asanas (Körperstellungen) und Pranayamas (Atemübungen). Der physische Leib steht im Vordergund.

- Inana – Yoga: Sein Ziel ist die Ausbildung von reiner Erkenntnis und Ur-Vertrauen.

- Bhakti – Yoga: Die Hingabe und das Erfahren übersinnlicher Liebe stehen im Zentrum.

- Raja – Yoga: Er gilt als der Königsweg, als höchste Yogapraktik, und verbindet weibliche und männliche Aspekte zum All-Eins.

Ein Yoga – Pfad

Die ersten Übungen bereiten auf eine höhere Stufe der Versenkung vor. Sie gehen auch konform mit den christlichen Tugenden.

1. Stufe: Yama
Der Name rührt vom indischen Todesgott her. Angestrebt wird eine seelische Reinigung und moralische Läuterung, damit Selbsttäuschungen abgelegt werden können. Erkenntnisse räumen Hindernisse in der Seele und im Geiste weg.
Die Bereitschaft, sich vom Besitz zu lösen, fordert nicht die Abgabe des Eigentums, sondern Distanz zu materiellen Werten.
Niedere Sinnlichkeit und Begehren, wie auch die Gedanken daran, verwandeln sich in Keuschheit.
Alle diese Aspekte sollen nicht unterdrückt oder zerstört werden, sondern verändern sich durch das in Etappen transformierende Bewusstsein.
Damit sind keine moralischen Wertvorstellungen verbunden.

2. Stufe: Niyama
Um in sich Frieden herstellen zu können, muss man sich mit seinem Schicksal versöhnen.
Denken, Fühlen und Wollen sollen bereinigt und mit der Wahrheit verbunden werden.

Schicksal ist nichts Fremdes, das von außen zu uns getragen wird, sondern wird von uns selbst erschaffen. Wille wird zu Taten und unser Handeln kreiert das Schicksal.

Durch Einsicht wird Ausgeglichenheit erreicht und wir stehen friedvoll zur Welt.

Der Wunsch, sich mit spiritueller Wahrheit zu verbinden, muss echt sein, deshalb ist Reinigung und Läuterung notwendig.

Der Blick der Seele auf das Irdische muss sich auf ein höheres Ziel richten und innere Seelenruhe auslösen.

Die Erkenntnis wahrer Zusammenhänge führt zur Aussöhnung mit dem Schicksal.

3. Stufe: Asana

Körperhaltungen führen zur völligen Ruhe der Gliedmaßen.

Durch den Lotussitz verbinden sich die Lebensströme zu einem in sich geschlossenen Kreislauf. Der Lotussitz ist keine Bedingung für Meditationen, aber für Yogapfade ist er notwendig. In dieser Phase wird der Körper zum Instrument des Geistes. Das Bewusstsein wendet sich der Aufmerksamkeit zu.

4. Stufe: Pranayama
Die Zusammenarbeit zwischen den Lebenssäften,
der Luft und dem Licht halten uns am Leben, also
Lunge, Herz, Blut und Lymphen.
Bewusstes atmen lässt die Lebensströme spürbar
werden und der Körper kommt zur Ruhe.
Das Beherrschen rhythmischer Prozesse, wie das
Atmen, sind Vorbedingungen für die geistige
Konzentration.

5. Stufe: Pratyahara
Die Wahrnehmung von Sinneindrücke und
Vorstellungen muss wach und wertneutral
geschehen, damit sich die Konzentration
ausrichten kann. Sinneindrücke stammen aus
der Außenwelt und Vorstellungen von Innen.
Je mehr sich der physische Sinn verschließt,
desto mehr öffnet sich der Übersinn.
Die Wahrnehmung rhythmischer Lebensprozesse
verwandelt das Wesen des Menschen.
Die Wandlung des Sinnlebens zum Übersinnlichen
führt zum Antrieb der Chakren. Das Fühlen wird
universell und wächst zu kosmischer Liebe.

6. Stufe: Dharma
Die Gedanken richten sich auf Höheres aus.
Das Denken wird vom physischen Gehirn gelöst.

Der Denkprozess wird sich selbst überlassen, er „denkt sich alleine", der Meditierende bindet sich nicht ein.

7. Stufe: Dyana

Das vom Geist verwandelte kosmische Fühlen äußert sich durch Visionen, spirtueller Energie und Lebensgefühl.
Neue geistige Samen zeigen ihren Willen zu erblühen.
Dyana ist das Herzstück der Meditation.

8. Stufe: Samadhi

Ziel dieser Phase ist es, unberührt von den eigenen Seelenvorgängen, dem Denken, Fühlen, Wollen und der leiblichen Hülle, dem eigenen Sein zu zuschauen.
In tiefer Andacht und Versenkung findet eine Verbindung zur universellen Wahrheit statt.
Der anhaltende Samadhi Zustand ist nur wenigen Menschen möglich, das Einfangen kosmischer Momente aber jedem.

Meditation

Die tägliche Unruhe und der Lärm belasten
Körper, Seele und Geist und verhindern, dass
der Mensch in sich zur Ruhe kommt.
Die Alltagsgeräusche, die immer intensiver
werden, fördern Konzentrationsmangel, Nervosität
und Aggressivität. Eindrücke der Sinne werden
verdrängt oder ausschaltet.
Meditationen wecken die schöpferische
Intelligenz.

Jede Entspannungsübung beginnt damit, die
äußeren Einflüsse auszuschalten und sich auf
die Empfindungen des Herzens einzulassen.

Ziel und Art der heiligen Stille, der Meditation,
ist von dem Reifungsprozess der Persönlichkeit
und der Entfaltung der Individualität abhängig.

Das „Ich" nimmt eine Art Dienstcharakter an, um
die Möglichkeiten der Spiritualität auszuschöpfen.
Der vom Ich ausgehende Impuls stammt aus dem
Zentrum der Ganzheit.

Meditation verhilft zur Wahrhaftigkeit des Seins.
Vertrauen in die tragende Kraft des Lebens baut
sich auf. Meditationen lassen die Tiefe des Daseins
erfassen und öffnen den Strom des Lebens.

Früher wurde für den Ausdruck Meditation auch schlicht der Begriff Betrachtung verwendet.

Die Definitionen gehen ineinander über; - von der Betrachtung gelangt man zur Meditation und von dort zur Kontemplation.

In allen Religionen suchen Menschen durch Gebete, Meditation oder Kontemplation die Verbundenheit und den Zugang zum göttlichen Kern in sich.

Unser Dasein ist die Wirklichkeit des Lebens selbst.

Meditationen können in vier Stufen unterteilt werden:

1.) Heilende Stille beginnt mit Aufmerksamkeit auf die Sinne und das Geschehen im eigenen Körper (Atem, Puls, Herz ...).
Dies erleichtert das Umschalten von Hektik und Unruhe auf Gelassenheit.
Nerven – und Muskelanspannungen lockern sich und der Geist wird ruhig.

2.) Zu Beginn der Meditation tauchen oft bildhafte Vorstellungen als Nachricht aus dem eigenen Unterbewussten auf.

Die eigenen Wünsche und Bedürfnisse zeigen sich durch diese Archetypen.
Der Wert der Gefühle positioniert sich klar. Dies unterstützt die Grundstimmung, das Urvertrauen und die Geborgenheit. Diese Momente enthalten Wachstumsinformationen.

3.) Das Bedürfnis, die Ruhe für sich zu nutzen ergibt sich von selbst.
Eine tiefe Entspannungsphase tritt ein.
Das Urvertrauen vertreibt Zweifel und Ängste.

4.) Die innere Gelassenheit verhilft dazu, sich auf die Stille einlassen.

Formen der Meditation:

Körperbezogene Meditation:
Das Wahrnehmen der eigenen Körpervorgänge und den Kontakt zur Erde und zur Luft wird hergestellt.
Dies führt zu verstärkter Wahrnehmung der Wirklichkeit und zu Selbsterkenntnis.

Seelen Meditation:
Die Übung wendet sich Vorstellungen, Gefühlen und den Sinnen zu.

Durch diese Innenschau können bildhafte Assoziationen auftauchen, die zu Beruhigung und Festigung führen.

Meditation des Geistes:
Unbewusstes und Unsichtbares fließt in die Gegenwart ein.
Gesänge, Gebete, Mantren etc. unterstützen die Berührung mit der transzendenten Wirklichkeit.
Das Urvertrauen löst das Ich.

Durch das Wiederholen von Meditationen erlangt man automatisch schneller zu transpersonalen Befindlichkeiten und der damit verbundener Gelassenheit.

Quellen

Bilder auf den Seiten 11 und 16 mit freundlicher
Genehmigung aus dem Buch
„Chakren, die Therapie im horizontalen Segment",
Sonderedition 2010, Dr. Perschke und Dr. Breuer

Bilder der einzelnen Chakren von
pixabay_Peter Lomas

In der Serie *„ Books to go with you – Bildung und Inspiration für die Jackentasche "* sind bisher außerdem erschienen:

EQ – Das Herz im Hirn - Ein Leitfaden für den Alltag mit emotionaler Intelligenz

Grundlagen chinesischer Heilkunst - Eine Einführung in Traditionelle Chinesische Medizin

Power für die Seele – Ein Leitfaden für den Alltag mit Positiver Psychologie